MW01139181

Este libro
pertenece a

Unicornio Jazz
VERSION EN ESPAÑOL
Unicornio Jazz, es un unicornio que se muda a un lugar nuevo con animales: Jirafes, gecos y un Cuervo llamado ¡Guauguau! Pero rapidamente descubre lo difícil que puede ser hacer nuevos amigos. La mamá de Jazz la enseña a celebrar su singularidad mientras descubre su talento con una voz mágica.
¡Este es un libro divertido y alentador con una canción mágica que todos los niños pueden cantar!
Autora Lisa Caprelli
"Este libro representa la importancia de la familia y los amigos con un enfoque en encontrar fuerza en ser único." Maestra, Suzanne Funk M. Ed.
Mantente al pendiente de los próximos libros de Unicornio Jazz.
Publicado por Happy and Fun Lifestyle LLC
UnicornJazz.com
Unicornio Jazz
Autora
Lisa Caprelli
Ilustrado por
Davey Villalobos

BY LISA CAPRELLI
ILLUSTRATED BY DAVEY VILLALOBOS
AGES 4-8
UNICORN JAZZ
COLORING BOOK
FOR KIDS

Unicornio Jazz

ISBN: 9781073141289

Published by Happy and Fun Lifestyle LLC

Instagram.com/UnicornJazzBrand

Unicornio Jazz

Lisa Caprelli, Autora

Davey Villalobos, Ilustrador

Dedicatoria de la autora:
Inspirada en mi bella sobrina, Jasmine. Y para todos aquellos que creen en unicornios, nunca dejen de creer.

Dedicatoria del ilustrador:
Para mis sobrinas, Avery y Eleya...todo mi amor.

Reconocimientos:
Un agradecimiento especial a todos los que contribuyeron a la vision de Unicorn Jazz: Luisa Dorsey, Holda Dorsey, Joseph Dorsey, Natalia Sepúlveda , Alyssa Ruiz, Oscar Ruiz, Jr., Ivone Ruiz. Jasmine Powers, Lucy Dominguez; my momma, Hope Hernandez; Chris Herzig; Hermanas: Deborah Powers, Suzanne Funk, Ruth Leigh; Hermano, Mike Hernandez; Matthew Vasquez-Caprelli, Trey Solomon; Lori Caprelli; y amigos: Cindy Kirkland, Blake Pinto, Thanecha Anderson, Miguel Barillas, Kerri Kasem.

"Sé atrevido y brillante!"

Había un vez un unicornio llamado Jazz.
Jazz era noble, amigable y un poquito tímada.

Jazz se parecía a un caballo,
pero con un cuerno dorado
en la cabeza.

Su papá
era GRANDE
y fuerte.

Su mamá
era AMABLE
e inteligente.

En el fondo Jazz quería ser cantante.

Ella se asombraba cada vez que su mamá le cantaba. La voz de su mamá le daba ánimo.

A pesar de que Jazz
tenía talento como
su mamá, ella tenía
miedo de cantar.
Era muy tímida.

Pero cuando Jazz estaba
sola, cantaba en voz
alta la misma canción
que su mamá le
cantaba a ella.

"Alégrate con tu luz.
Eres Audaz.
¡Brillas fuertemente,
rayito de luz eres mi sol!
No permitas que nada te asuste
eres fuerte
de buen corazón
y cada día
eres el deleite de mi corazón".

Estas palabras le daban valor a Jazz.

Un día Jazz y su familia
se fueron a vivir a un lugar mágico.

Este lugar tenía todo tipo de animales.

Habia pájaros que cantaban dulces melodías...

¡al igual que caballos,

jirafas,

lagartijas y gecos!

Jazz quería desesperadamente ser amiga de estos animales pero sentía que era muy diferente.

"¿Cómo me voy a unir
a los demás? Creo que aquí
no le agrado a nadie" Sollozó.

La familia de unicornios
no era igual que los animales
de ahí.

¡A los unicornios les
gusta mucho cantar!

Cada vez que Jazz quería hacer
nuevos amigos, cantaba esta
cancioncita:

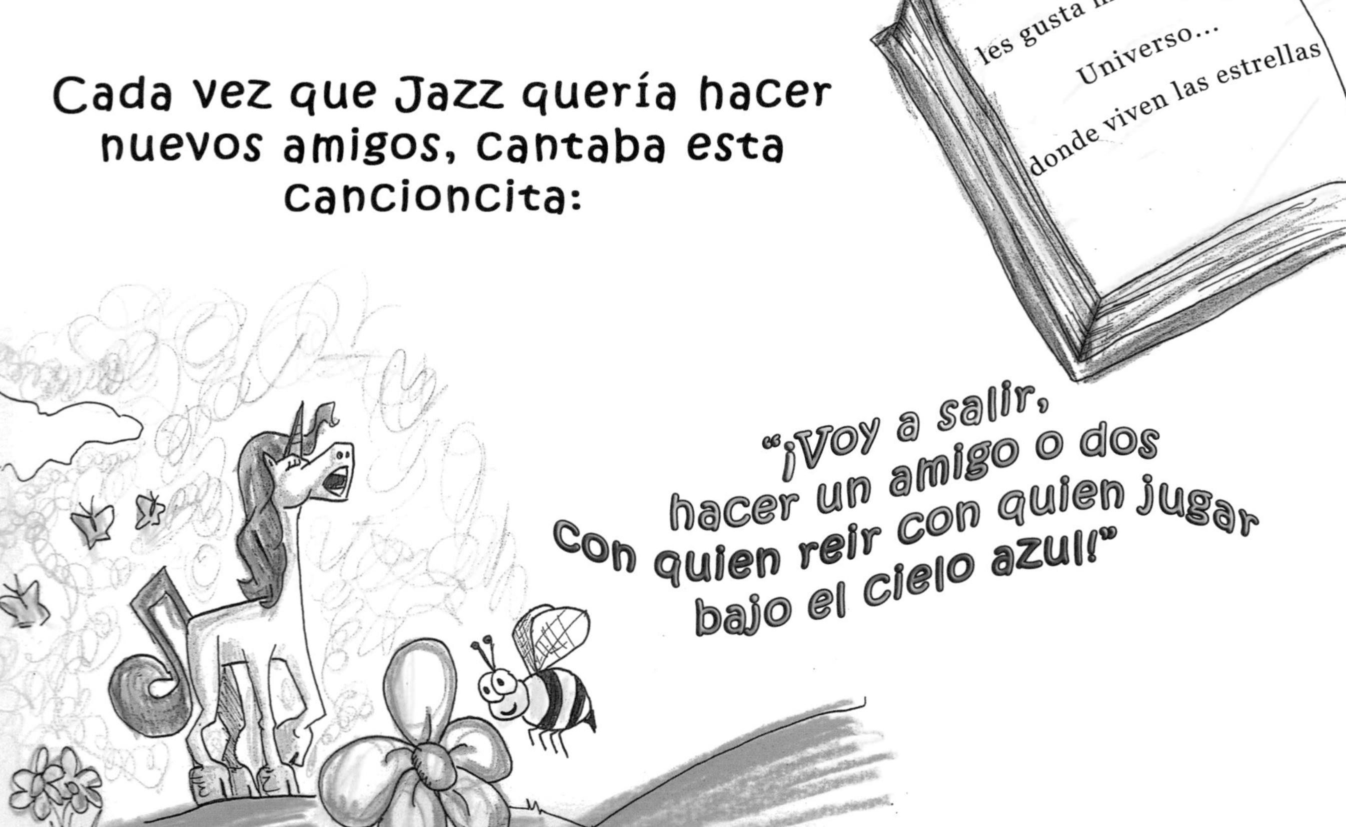

U
Unicornios ....
les gusta mucho cantar
Universo...
donde viven las estrellas
"¡Voy a salir,
hacer un amigo o dos
con quien reir con quien jugar
bajo el cielo azul!"

La escuela estaba por empezar y Jazz
tenía miedo de no encontrar amigos como ella.

Intentó hacerse amiga de los caballos,
pero los caballos no la querían.
Porque ella no parecía un caballo,
por el cuerno grande y dorado que
tenía en su cabeza.

"Tú no pareces un caballo de verdad." le dijo uno.
"Los caballos no cantan". Se burló otro.

Los caballos no quisieron jugar con ella.
Los caballos se le quedaron viendo a Jazz
y se preguntaron que tipo de caballo
tenía un cuerno en la cabeza.

Jazz se marchó y trató de hacerse amiga
de las jirafas. Las jirafas tenían dos cuernitos
en la cabeza.

Las jirafas le dijeron
a Jazz que no se parecía
para nada a ellas.

Las jirafas le
preguntaron,
"¿Cómo comerás las
hojas más altas
de los árboles?
Si no puedes
ver tan alto
como nosotras".

Jazz quiso demostrar que sí podía comer de la parte
alta de los árboles, pero los árboles eran muy altos
y su cuello muy corto.
"Tienen razón, no soy como una jirafa"
y se marchó tristemente.
Jazz era más rapida, colorida y tenía solamente
un cuernito. Las jirafas la ignoraron y Jazz se
marchó en busca de nuevos amigos.

Después, Jazz se encontró con unas lagartijas y gecos. Algunos podían cambiar de color y por eso eran muy buenos para esconderse.

"Tú probablemente no eres muy buena para las escondidas." Le dijeron.

Jazz no podía cambiar de color. Aunque trataba de esconderse, no era muy divertido, porque los gecos siempre la encontraban.

Jazz le dijo a su mamá que no queriá ir a la escuela. "Soy diferente a todos. No le voy a agradar a nadie'.

Su mamá le cantó la canción Unicornio Jazz para hacerla sentir mejor:

Alégrate con tu luz. Eres Audáz. ¡Brillas Fuertemente, rayito de luz eres mi sol! No permitas que nada te asuste, eres fuerte, de buen corazón y cada día eres el deleite de mi corazón...

Jazz sentía miedo y preocupación. Con gracia, su mamá le dijo, "Deberías amar lo que te hace especial". "Eres maravillosa y cantas mejor que nadie, Jazzy".

Jazz estaba tan preocupada de ir a la escuela y de no hacer amigos que se dirigió hacia el bosque.

No habiá amigos con quien jugar en este nuevo lugar. Jazz se sentiá triste y sola.

Jazz queriá sentirse feliz y no tan sola, así que cantó la canción que su mamá le enseñó.

Mientras cantaba, un pájaro se le acercó.

Este pájaro era diferente
a todos los demás. Sus plumas eran
negras y blancas y sin nada de color.

"¡Mira tu! Tienes una voz hermosa"
Le dijo en una voz ronca.

Jazz se sorprendió.
"Gracias. ¿Quién eres?"
le respondió timidamente.

Solamente su mami había escuchado su voz.

"Soy un cuervo. Ya sé lo que haz de estar pensando. "¿Quién puede tomar en serio un nombre como Guauguau?"

"Tengo el nombre que un perro debería de tener".

Guauguau se le quedó viendo a Jazz y dijo, "Tú, querida, eres una cantante MARAVILLOSA! Tú voz es mágica. ¡Qué no daría yo, por tener una voz como la tuya!"

Confundida, le respondió
"Yo no creo que soy mágica, en realidad...
los otros animales no me entienden, porque
me veo diferente".

"Hmm, bueno, tienes mucha
belleza y color, ¿Sabes?"
le dijo Guauguau.

"¡Tienes un fuerte y glorioso cuerno! Y cantas
mejor que cualquier otra ave que
yo jamás haya escuchado".

Jazz sonrió de oreja a oreja.

"Los otros pájaros piensan
que no soy como ellos" dijo Guauguau,

"Pero eso no me detiene
de ser quien yo quiero ser.
También tengo muy buena memoria.

Escúchame cantar tu canción".

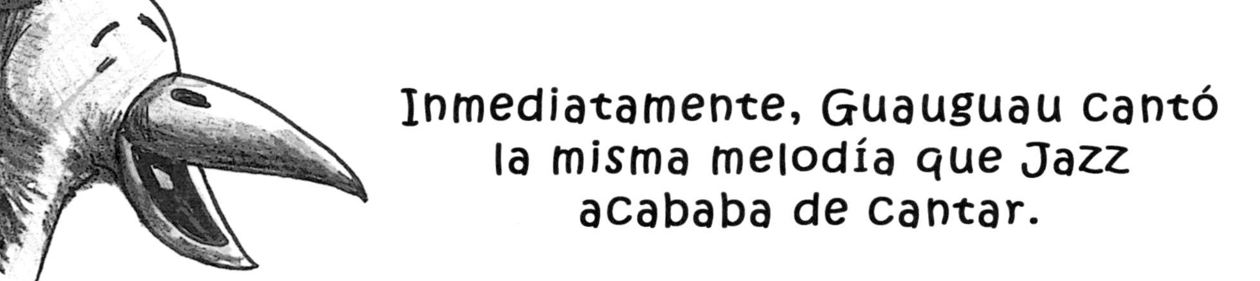

Inmediatamente, Guauguau cantó
la misma melodía que Jazz
acababa de cantar.

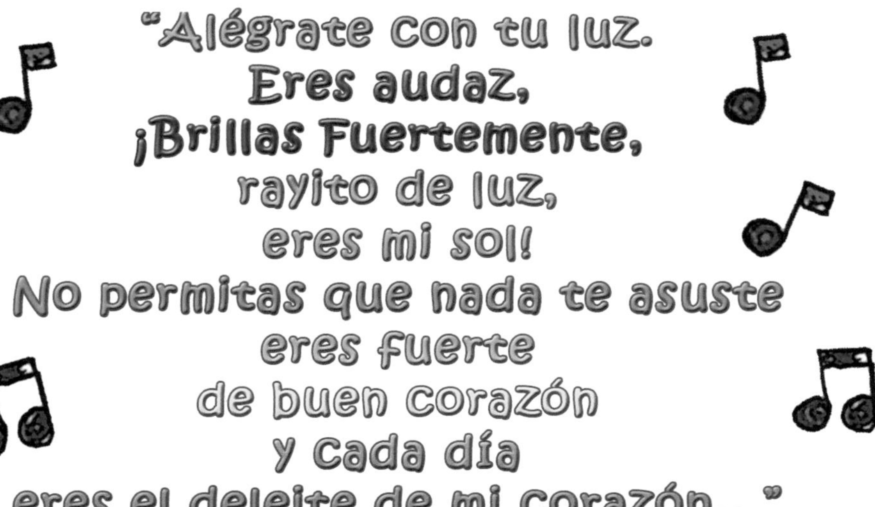

"Alégrate con tu luz.
Eres audaz,
¡Brillas Fuertemente,
rayito de luz,
eres mi sol!
No permitas que nada te asuste
eres fuerte
de buen corazón
y cada día
eres el deleite de mi corazón..."

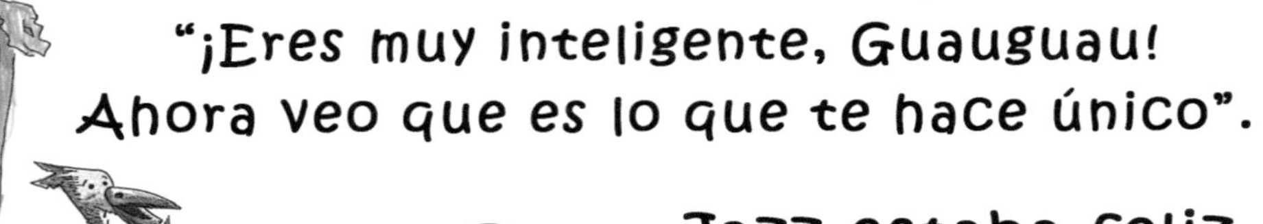

"¡Eres muy inteligente, Guauguau!
Ahora veo que es lo que te hace único".

Jazz estaba feliz.
Había encontrado
un amigo.

"Siempre deberías de estar orgulloso de lo que te hace especial" dijo Guauguau. "Te aseguro que si les muestras tu hermosa voz a los demás, estarán de acuerdo".

Yo no tengo miedo de cantar en voz alta.
Y en una voz ronca, Guauguau cantó:

"¿Qué haces con un amigo como tú-----"

Los dos se rieron. "Ja ja"
Jazz le respondió. "Tal vez deberías dejar que sea yo la que cante. Eso no se escuchó muy bien, pero seguramente te divertiste, ¿Verdad?"

"Sí, claro. Ahora, canta tú". dijo Guauguau.
Jazz cantó FUERTE Y VALIENTEMENTE.

Al día siguiente, Jazz cantó
valientemente al entrar a su escuela.

Todos los animales
Se detuvieron a verla.

Las lagartijas dijeron: “Tienes unas
colores hermosos y gracia al cantar.
No puedes jugar a las escondidas
pero puedes cantar”.

Los caballos dijeron: “Tú no eres un caballo.
Ningún caballo puede cantar tan bonito.
Discúlpanos, pensamos que eras muy diferente
¿Nos puedes enseñar a cantar como tú?”

Sonrojada, Jazz asintió.
“Solo si jugamos a las carreras”.

Todos se rieron y se alegraron.

Jazz ya no se sintió sola y no le dió
pena demostrar su talento.

Todos los animales querían jugar con Jazz:
¡Juega a la peregrina conmigo!
¡Colorea conmigo!
¡Canta conmigo!
¡Baila conmigo!

Jazz estaba feliz de ser diferente.
Jazz tenía una canción con un mensaje
para compartir:
"Alégrate con tu luz.
Eres audaz.
Brillas fuertemente
rayito de luz eres mi sol
No permitas que nada te asuste
eres fuerte,
de buen corazón,
y cada día eres
el deleite de mi corazón"

Made in the USA
Columbia, SC
05 February 2024

31163354R00015